Heinrich Engel

Der göttliche Dreiklang

Heinrich Engel

Der göttliche Dreiklang

Variationen zum Thema
Glaube, Hoffnung, Liebe

Verlag Wort und Werk, Sankt Augustin

„Den vielen Mitarbeitern
in der Ludgerus-Gemeinde Werden
zugeeignet“

ISBN 3 80500 116 9

Druck: Druckerei Steyl B.V.. Niederlande

Inhalt

Vorwort

„Ich bin in das Gesetz deines Glaubens gefallen
wie in ein nackendes Schwert!
Mitten durch meinen Verstand ging seine Schärfe,
mitten durch die Leuchte meiner Erkenntnis!
Nie wieder werde ich wandeln unter dem Stern
meiner Augen und am Stabe meiner Kraft!
Du hast meine Ufer weggerissen und hast Gewalt angetan
der Erde zu meinen Füßen!
Meine Schiffe treiben im Meer; alle meine Anker
hast du gelichtet!
Die Ketten meiner Gedanken sind zerbrochen,
sie hängen wie Wildnis im Abgrund . . .“

(Gertrud von Le Fort)

Mit kraftvollen Bildern beschreibt die Dichterin, was mit einem Menschen geschieht, der vom göttlichen Dreiklang getroffen wird. Erkennen, Streben und Fühlen werden aufgebrochen zum Unendlichen hin. Die Sicherheit des Bekannten und Gewohnten ist plötzlich verschwunden. Dem fragenden Geist öffnen sich neue, noch unerforschte Dimensionen. Die Sehnsucht reißt sich los vom

Vergänglichen und hat Unvergängliches zum Wunschziel. Gott ist am Werk, um den Menschen in ein „taugliches“ Instrument umzuschmieden, fähig, den Dreiklang „Glaube – Hoffnung – Liebe“ hervorzubringen. Göttliche Tugenden nennt sie daher der Katechismus.
Ihrer Bedeutung und Wirkung möchte dies Büchlein ein wenig nachspüren und dabei deutlich machen, daß niemand Christsein sich selbst verdankt, sondern Gott.

Heinrich Engel

GLAUBE

„Glauben heißt nichts anderes als die Unbegreiflichkeit Gottes ein Leben lang aushalten.“ K. Rahner

Gott, du bist es, an den ich glaube; du bist es, dem ich glaube. Du hast zu uns gesprochen durch deinen Sohn. Seine frohe Botschaft will ich annehmen. Die Kirche verbürgt sie mir auch in unserer Zeit. Du sprichst zu mir auch durch Menschen, die mir begegnen, und durch Ereignisse, die mir widerfahren. Hilf mir, dich in allem zu finden und immer mehr aus dem Glauben zu leben.

(Aus: Gotteslob)

1. Glaube und Unglaube

Was glauben die Deutschen? Auf diese Frage gibt es eine ironische Antwort: Neunzig Prozent der Deutschen glauben das, was sie im Religionsunterricht gelernt, abzüglich dessen, was sie seitdem wieder vergessen haben.
So witzig die Antwort ist, ich halte sie aus zwei Gründen für falsch. Erstens heißt glauben nicht, daß man seinem Gehirn eine Anzahl von Glaubenssätzen einprägt und möglichst keinen davon vergißt. Zweitens verliert der Mensch den Glauben nicht durch Vergeßlichkeit, sondern durch Gleichgültigkeit. Wenn ich mir Sorgen um das Christentum in unserem Lande mache, dann nicht deshalb, weil viele Christen mit diesem oder jenem Glaubenssatz der Kirche ihre Probleme haben; auch nicht deshalb, weil nur noch eine Minderheit der Getauften sonntags zur Kirche geht; erst recht nicht, weil viele aus der Kirche austreten und damit als Kirchensteuerzahler wegfallen. Was mir Sorgen macht, ist die Gleichgültigkeit vieler Menschen. Sie haben ihr Leben derart mit Arbeiten und Konsumieren ausgefüllt, daß sie die Frage nach dem Fundament und Ziel des Lebens nicht mehr stellen. Viele leben derart oberflächlich in den Tag hinein, daß sie die Suche nach dem Sinn des Lebens aufgegeben haben. Für den kämpferi-

schen Atheisten und Christenverfolger ist die Gottesfrage immerhin ein Problem, mit dem man sich auseinandersetzen muß; und die Kirche eine Einrichtung, die man angreift und bekämpft. Aber für die Gleichgültigen gibt es keine Gottesfrage und kein Glaubensproblem. Sie entscheiden sich weder positiv noch negativ, weil das Thema sie nicht mehr interessiert.

Die eigentlich Gott-losen sind deshalb nicht jene Menschen, welche Gott bekämpfen, sondern jene, die sich mit der Frage nach Gott nie ernsthaft beschäftigen.

Stellen wir uns einen Augenblick eine erneuerte, weltoffene, moderne, lebendige und aktive Kirche vor: eine Kirche, wie sie wohl den Bischöfen auf dem Zweiten Vatikanischen Konzil vorschwebte. Stellen wir uns weiterhin vor, die getrennten christlichen Kirchen hätten alle Spaltung überwunden und wären wieder vereint. Würden dann die Menschen in Scharen zur Kirche strömen? Wären sie dann aufgeschlossener für die Botschaft des Evangeliums? Ich glaube es nicht. Denn nur solche Menschen würden sich für die Kirche interessieren und sich mit der Botschaft des christlichen Evangeliums ernsthaft beschäftigen, die sich Gedanken machen über das Ziel und den Sinn ihres Lebens; die sich nicht damit begnügen, nur ihren Lebensstandard um jeden Preis zu erhöhen; die nicht jeden Modetrend mitmachen, die nicht nur ihre berufliche Karriere im Auge haben. Nur jene pflegen sich mit dem christlichen Glauben ernsthaft auseinanderzusetzen, die bereits in ihrem Leben erfahren haben, daß der Mensch nicht vom Brot allein lebt; die in sich selbst einen Hunger nach Ewigkeit und Unendlichkeit verspüren, den nichts in der Welt zu stillen vermag. Das unersättliche menschliche Herz findet Ruhe allein beim unerschöpflichen Gott.

2. Glaube und Leben

Philipp Neri war einer der berühmtesten Jugenderzieher im Italien des 16. Jahrhunderts. Zu ihm kam ein ehemaliger Schüler, welcher gerade sein juristisches Examen glänzend bestanden hatte. Der Heilige gratulierte dem jungen Mann herzlich und fragte ihn: „Was werden Sie jetzt tun?“ – „Ich werde in den Dienst des Fürsten von Florenz treten.“ „Und dann?“ fragte Philipp Neri. „Vielleicht werde ich eines Tages Minister.“ – „Und dann?“ – „Dann werde ich heiraten, Kinder haben und ein angesehenes Leben führen.“ –„Und dann?“ – „Nun, dann werde ich irgendwann einmal mein Amt an Jüngere abgeben und in Ruhe meinen Lebensabend verbringen.“ – „Und dann?“ – „Ja, dann werde ich wohl eines Tages sterben.“ Der Heilige schaute den jungen Mann freundlich an und fragte zum letztenmal: „Und dann?“ – Es wird berichtet, der Schüler sei sehr nachdenklich nach Hause gegangen. Philipp Neri hatte ihm mit seiner hartnäckigen Frage deutlich gemacht, daß seine Lebenspläne und Ziele in der Luft hängen, wenn sie nicht festgemacht sind in Gott. Dies „Sich-Festmachen“ in Gott nennen wir Glauben. Glauben aber ist nicht jedermanns Sache. Er fordert vom Menschen den Sprung vom Sichtbaren zum Unsichtbaren, vom Begreifbaren zum Unbegreiflichen. Das ist nicht leicht. Die Erde ist nah, der Himmel ist weit. Das Hemd des Wissens sitzt uns näher als der Rock des Glaubens. Der Spatz in der Hand scheint uns sicherer als die Taube auf dem Dach.

Dennoch ist der Sprung des Glaubens notwendig. Die eigene Lebenserfahrung überzeugt uns davon, daß wir im Sichtbaren und Begreifbaren keinen letzten Halt finden können. Blind ist der Mensch, welcher meint, Geld oder Macht, Erfolg oder Glück könnten Sicherheit verleihen. Alles, was wir mit Händen greifen und mit dem Verstand erfassen können, bleibt fragwürdig und vergänglich. Wer das Schiff seines Lebens hier im Diesseits verankern will, findet keinen festen Grund. Er wird von den Wellen der Geschichte fortgespült und scheitert an den Klippen der unlösbaren Welträtsel.

So erweist sich der Sprung des Glaubens als die einzige Rettung. Glauben heißt: Unser Leben im Ewigen und Unwandelbaren verankern. Glauben heißt: den Haltepunkt unseres Daseins über diese Welt hinaus in Gott hinein verlegen. Das berühmte Wort des griechischen Mathematikers Archimedes: „Gebt mir einen festen Punkt, und ich werde die Welt aus den Angeln heben", ist mehr als ein Lehrsatz der Geometrie. Es bezeichnet den Ansatz des Glaubens, von dem aus unsere vergängliche und dem Tod verfallene Welt aufgehoben und Platz geschaffen werden kann für den neuen Himmel und die neue Erde, welche Gott am Ende aller Zeiten aufrichten wird. Zu diesem Glauben bekennen wir uns, wenn wir singen:

„Wer Gott, dem Allerhöchsten traut, der hat auf keinen Sand gebaut."

3. Glauben und Wissen

Welche Rolle spielen Religion und Glaube eigentlich noch im Zeitalter der Wissenschaft? Diese Frage stand als Thema beim Treffen des Familienkreises zur Debatte. „Eins steht für mich fest", sagte ein Teilnehmer, „Glauben ist nicht Wissen." Ich stimmte ihm zu, gab aber zu bedenken, daß damit unser Thema noch nicht beendet sei. Es gebe ja verschiedene Formen von Nicht-Wissen, und es sei wichtig zu untersuchen, zu welcher Art von Nicht-Wissen eigentlich der Glaube gehört.

Zum Beispiel weiß ich vieles deshalb nicht, weil ich es nie gelernt habe. Ich bin kein Atomphysiker. Ich bin kein Astronom. Ich bin kein Mediziner. Auf diesen Wissensgebieten kenne ich mich nicht aus. Aber es gibt andere, die da sehr gut Bescheid wissen; der Mensch muß sich eben spezialisieren.

Anderes habe ich zwar gelernt, aber wieder vergessen, und deshalb weiß ich es nicht mehr. Es hängt davon ab, wie gut unser Gedächtnis ist. Nicht alles, was wir wissen, können wir auch festhalten. Manches Wissen geht uns wieder verloren.

Anderes kann ich deshalb nicht wissen, weil es noch in der Zukunft verborgen liegt. Ich weiß nicht, ob ich morgen das große Los gewinne oder einen Autonunfall erleide – und vielleicht ist es gut so.

Es gibt auch Dinge, die ich lieber nicht wissen möchte, weil sie mich möglicherweise zu sehr belasten, zum Beispiel die Stunde meines eigenen Todes.

Wissen oder Nicht-Wissen ist also nicht nur eine Frage der Spezialisierung, nicht nur eine Frage des Gedächtnisses, sondern auch eine Frage des Willens.

Manchmal ist es gut, nicht alles wissen zu wollen.

Ein Ehemann, der von seiner Arbeit nach Hause kommt und nun von seiner Frau haarklein wissen will, was sie am Tage gemacht hat und wo sie gewesen ist und mit wem sie gesprochen hat, ist vermutlich eifersüchtig oder mißtrauisch oder beides. In einer Ehe ist Vertrauen eben doch besser als Kontrolle. Wissen setzt Liebe zur Sache voraus, Vertrauen aber Liebe zu einer Person; das ist ein entscheidender Unterschied.

Glauben im religiösen Sinne heißt: nicht über Gott Bescheid wissen wollen so, wie man sich Wissen über irgendwelche Dinge aneignet. Glauben heißt: sich jenseits allen Wissens und Könnens, allen Planens und Machens dem unbegreiflichen Gott anvertrauen; sich tragen lassen vom unfaßbaren Geheimnis seiner Liebe; wieder ein Kind sein dürfen an der Hand eines unendlich gütigen Vaters.

Das lateinische Wort CREDO, mit dem das christliche Glaubensbekenntnis beginnt, faßt sehr schön diese Bedeutung von „Glauben“ zusammen. Es leitet sich nämlich ab vom lateinischen COR DO, und das heißt: Ich schenke mein Herz.

4. Glaube und Wille

Wir Menschen wissen manches, wollen es aber trotzdem nicht wahrhaben. Jeder Raucher weiß, daß Nikotin gesundheitsschädlich ist; aber wer das nicht wahrhaben will, pflegt auf den berühmten Großvater hinzuweisen, welcher 90 Jahre alt geworden ist und zeitlebens ein starker Raucher war.

Jedermann weiß, daß zuviel Essen die Lebenserwartung herabsetzt. Aber wer das nicht wahrhaben will, behauptet, Fasten sei auch ungesund, und der Körper brauche halt Kalorien.

Manche Eltern sehen zwar, daß ihr Kind sich auf dem Gymnasium schwertut. aber sie wollen nicht wahrhaben, daß es weniger intellektuell als mehr praktisch begabt ist und in einem handwerklichen Beruf bessere Chancen hätte.

Die Richtung unseres Denkens, das, was wir wissen und erkennen, hängt also stark von dem ab, was wir uns wünschen. Auch das ist eine Wahrheit, die wir Menschen oft nicht wahrhaben wollen.

Im christlichen Glauben haben wir es von Anfang an mit dem gleichen Problem zu tun. Als Jesus seinen Jüngern klipp und klar sagt, daß er in Jerusalem getötet werde, heißt es: „Sie verstanden das

Wort nicht“ (Mk 9, 31). Das war kein intellektuelles Unverständnis; sie wollten es einfach nicht wahrhaben. Sterben und Tod Jesu paßte nicht in ihre Vorstellung von der Sendung Jesu, galt er den einen doch als politischer Befreier, der die verhaßten Römer aus dem Land jagen sollte; den anderen als religiöser Reformator, der dem jüdischen Bundesgesetz wieder zu altem Glanz und neuer Gültigkeit verhelfen würde. Erst nach der Auferstehung Jesu beginnen die Jünger allmählich zu ahnen, daß sich hier etwas Neues, noch nie Dagewesenes ereignet hat.

Glaube ist also nicht nur eine Sache des Verstandes, sondern auch des Willens. Es mag einer noch so viele Stunden Religionsunterricht erhalten und Hunderte von Predigten oder religiösen Vorträgen gehört haben, wenn er nicht glauben will, glaubt er nicht.

Andere wollen zwar an Gott glauben, aber nur an einen Gott, wie sie ihn sich vorstellen. Andere wollen zwar Christen sein, aber dabei selber bestimmen, was Christentum ist. Manche orientieren sich zwar an der Lehre der Kirche, jedoch nur, soweit sie ihnen paßt. Wir Menschen fallen immer wieder in den Fehler, Religion in den Rahmen unserer eigenen Vorstellungen, Wünsche und Bedürfnisse hineinzupressen.

Aber Gott wohnt im unzugänglichen Licht (1 Tim 6, 16) und bleibt für uns Menschen auch dann

noch ein unergründliches Geheimnis, wenn er sich offenbart.
Glauben heißt also: Abschied nehmen von den eigenen unzulänglichen religiösen Wunschvorstellungen und sich der unbegreiflichen, geheimnisvollen, transzendenten Wirklichkeit anvertrauen, welche Jesus Christus uns mit „Vater“ anzusprechen gelehrt hat.

5. Glaube und Sicherheit

„Geld macht nicht glücklich, aber es beruhigt“, sagt der Volksmund. Ein bedenkenswerter Spruch. Man braucht nicht erst Millionär zu werden, sondern weiß es auch schon als kleiner Mann, daß viel Geld haben und glücklich sein zwei verschiedene Dinge sind. Die meisten Menschen wollen mit Hilfe des Geldes ja auch nicht zuerst Glück, sondern Sicherheit. Wie unser Spruch es sagt: Geld beruhigt, wenn man es hat.

Nun sind Leute, die viel Geld verdienen, meistens nicht dumm. Sie wissen zu gut, daß man mit Geld alle möglichen Versicherungen einkaufen kann: gegen Unfall, Feuer, Diebstahl. Man kann eine Kranken- und Rentenversicherung abschließen, nur gegen eins kann man sich nicht absichern: gegen das Sterben. Hier beginnt die große Unsicherheit. Ist mit dem Tod alles aus? Gibt es noch etwas nach dem Tod?

Wer sich hier absichern will, kommt leicht auf den Gedanken, daß es eigentlich nicht schlecht ist, ein wenig religiös zu sein; sozusagen für alle Fälle. Es kann ja nichts schaden, wenn man sich für den möglichen Fall absichert, daß es Gott wirklich geben sollte. Also leistet man gleichsam Einzahlungen auf ein göttliches Konto in Form von guten

Werken und Befolgen der Gebote, damit einem nichts passieren kann, falls mit dem Tod doch nicht alles aus ist. Religion als Sterbeversicherung. So etwas gibt's; aber mit dem christlichen Glauben hat das nichts zu tun. Im Gegenteil: Der Glaube beginnt damit, daß der Mensch zunächst einmal alle Sicherheiten aufgibt. Warum nennen wir Abraham den Vater des Glaubens? Weil er auf Geheiß Gottes auszieht aus dem Bekannten ins Unbekannte, aus dem Sicheren ins Unsichere. Weil er gegen sein eigenes Denken und gegen alle Lebenserfahrung, gegen die Einwände seiner Frau und aller seiner Freunde an der Verheißung Gottes festhält.

Das gleiche fordert Jesus von seinen Jüngern. Wer ihm folgen will, muß zunächst einmal Abschied nehmen von allem, was ihm bisher Schutz und Sicherheit bot: Besitz, Familie, Beruf, sogar Abschied von den eigenen Wünschen und Vorstellungen. Wirklicher Glaube ist daher nicht Sache der Ängstlichen, sondern der Mutigen. Wer bei Gott auf Nummer Sicher gehen will, muß auf alle anderen Sicherheiten verzichten und sich ihm ganz anheimgeben. Blaise Pascal, der berühmte französische Mathematiker und Philosoph, hat diese Erkenntnis als Gebet formuliert. Es lautet:

„Gott,

ich bitte dich weder um Gesundheit, noch Krankheit,

weder um Reichtum, noch Armut,
weder um Tod, noch um Leben.
Sondern ich bitte dich:
Verfüge du über meine Gesundheit und meine Krankheit,
über meinen Reichtum und meine Armut,
über meinen Tod und mein Leben.
Gib mir oder nimm mir,
aber laß mich immer wollen, was du willst."

6. Glaube und Gnade

Immer wieder höre ich sie, die Klage christlicher Eltern: „Ich habe mir solche Mühe gegeben, meine Kinder religiös zu erziehen. Ich habe mit ihnen gebetet, sie zum Gottesdienst geschickt, versucht, ihnen ein gutes Beispiel zu geben. Nichts habe ich erreicht. Meine Kinder gehen ihre eigenen Wege."
Ähnliche Klagen habe ich auch schon von Priestern gehört: „Sonntag für Sonntag predige ich meiner Gemeinde, ich mache Hausbesuche, veranstalte Pfarrfeste, organisiere Bildungsabende, kümmere mich um die verschiedensten Gruppen und Vereine. Und was kommt dabei für den Glauben heraus? Kaum etwas!"
Angesichts solcher Klagen ist es notwendig, sich zunächst einmal daran zu erinnern, daß wir Menschen den Glauben nicht einfach „machen" können; weder bei uns selbst noch bei anderen. Natürlich gehört zum Glauben auch die Mühe des Lernens und die Bereitschaft, sich belehren zu lassen. Aber selbst der beste Religionsunterricht produziert nicht ohne weiteres gläubige Schüler. Natürlich gehört zum Glauben Erkenntnis, Erfahrung und klare Entscheidung. Aber man wird nicht gläubig allein durch Willensanstrengung. Glaube ist auch und vor allem ein Geschenk, ist Gnade, um die der Mensch Gott bitten muß. Dies ist der Grund, weshalb eine konsequente religiöse Erziehung nicht automatisch religiöse Menschen her-

vorbringt. Aber dies ist auch der Grund, weshalb eine konsequent atheistische Erziehung niemals verhindern kann, daß Menschen dennoch zum Glauben gelangen.
Glaube ist keine Zwangsjacke, in die wir gesteckt werden. Glaube ist kein Computerprogramm, durch das der Mensch festgelegt wird. Die Tatsache, daß Gott uns den Glauben als Geschenk anbietet, zeigt, daß er wie kein anderer die Freiheit des Menschen respektiert auch auf die Gefahr hin, daß der Mensch dieses Geschenk ablehnt, es achtlos beiseite legt oder gar zerstört.
Menschen, die an Gott glauben, sollten zeitlebens für dies kostbare Geschenk danken und ihn darum bitten, daß sie sich dieser Gnade durch ein konsequent christliches Leben würdig erweisen. Menschen, die nicht an Gott glauben können, sollten sich für die Gabe des Glaubens offenhalten; sollten Suchende und Fragende bleiben und niemals bei jenen Antworten stehenbleiben, die sie schon gefunden haben.
Menschen, die nicht an Gott glauben wollen, sollten sich dieser bewußten Entscheidung nicht allzu sicher sein. Zwar respektiert Gott auch die Entscheidung gegen ihn. Aber es ist schwierig, sein ganzes Leben lang dem aus dem Weg zu gehen, der nach seinen eigenen Worten gekommen ist, zu suchen und zu retten, was verloren war.

HOFFNUNG

„Hoffen heißt: die Möglichkeit des Guten erwarten; die Möglichkeit des Guten ist das Ewige." S. Kierkegaard

Gott, du bist es, auf den ich meine Hoffnung setze. Du hast durch Leben, Tod und Auferstehung deines Sohnes die Welt erneuert und wirst sie einmal vollenden. Von daher bekommt mein Leben Sinn und Richtung. So erwarte ich für mich und alle Menschen Vergebung, Heil und künftige Herrlichkeit; denn du bist getreu. Hilf mir, in dieser Hoffnung zu leben. (Aus: Gotteslob)

7. Hoffnung und Ewigkeit

Wissenschaftler definieren den Menschen als „biologisches Mängelwesen“; was sich zwar gelehrt anhört, aber doch nur die jedem bekannte Tatsache meint, daß in bezug auf die jeweiligen speziellen Fähigkeiten die Tiere dem Menschen weit überlegen sind. Vögel können fliegen, Fische schwimmen, von Natur aus kann der Mensch das nicht. Der Adler besitzt ein schärferes Auge, das Reh einen besseren Geruchssinn, der Affe eine größere Gelenkigkeit als der Mensch. Biologisch ist der Mensch so wenig spezialisiert, daß er den besser ausgerüsteten Tieren hoffnungslos unterlegen wäre, besäße er nicht eine Gabe, die ihn von Anfang an den Tieren überlegen macht: den Geist. Dieser kostbare göttliche Funke gleicht alle biologischen Mängel aus. Menschlicher Geist erfindet Flugzeug, Schiff und Tauchgerät, so daß wir Vögel und Fische weit übertreffen. Fernrohr und Mikroskop steigern unsere Sehfähigkeit weit über die Möglichkeiten eines Tieres hinaus. Der Mensch als biologisches Mängelwesen hat sich mit Hilfe des Geistes zum Beherrscher der Erde gemacht.
Aber auf der Ebene des Geistes entdeckt sich der Mensch noch einmal neu als „Mängelwesen“. Ein unstillbarer Hunger treibt ihn immer höher und weiter nach mehr Sicherheit, mehr Bequemlich-

keit, mehr Glück, mehr Lust, mehr Macht, mehr Wissen. Wie heißt es im Lied? „Je mehr er hat, je mehr er will, nie schweigen seine Klagen still." Der Mensch hofft nicht nur auf ein wenig Glück, sondern will Glück als Dauerzustand. Der Mensch hofft nicht nur, lange zu leben, sondern ewig. Der Mensch möchte nicht nur dies und jenes wissen, sondern alles.

Den Hunger unseres Geistes können wir ein Stück weit selbst stillen. Immer wieder entdeckt der Mensch neue Möglichkeiten der Triebbefriedigung; immer wieder gelingt es ihm, sein Leben noch sicherer, noch komfortabler, noch bequemer zu machen; immer wieder erprobt er die Schärfe seines Geistes an neuen Fragen und weiß sie mit Erfolg zu beantworten. Aber der Hunger des menschlichen Geistes nimmt dadurch nicht etwa ab, sondern, im Gegenteil, noch zu. Der Hunger ist unendlich, aber unser Leben begrenzt – das ist das quälende Problem.

Wenn es für den Hunger unseres Geistes keine Sättigung, wenn es für das Rätsel unseres Daseins keine Lösung gibt, dann ist der Mensch bedauernswerter als ein Tier. Ein Tier weiß nicht, daß es sterben muß, der Mensch aber weiß es. Und er weiß, daß er sich niemals mit dem Tod abfinden kann und darf, da so viele Fragen nicht beantwortet sind, so viele Rätsel ungelöst bleiben, so viele Möglichkeiten nicht genutzt wurden, so viele Hoff-

nungen nicht in Erfüllung gegangen sind, wenn der Tod an ihn herantritt. Wenn der Mensch also hungert über den Tod hinaus, darf er auch hoffen über den Tod hinaus? Gibt es für den unendlichen Hunger eine ewige Speise?
Hier setzt die Botschaft des christlichen Glaubens ein. Das Evangelium Jesu Christi sagt: Es gibt eine Speise für den unendlichen Hunger des Menschen. Es gibt eine Erfüllung der fundamentalen Hoffnung des Menschen. Es gelten für uns noch andere Gesetze als die von Geburt und Tod, Werden und Vergehen. Unserem Geist ist noch ein anderes Schicksal gegeben als das des unaufhörlichen Suchens, Fragens und Forschens, das nie an ein Ende kommt. Es gibt von Gott her Erfüllung und Vollendung, Friede und Ruhe; zwar nicht in dieser Welt, denn die Gabe des Geistes zeigt, daß wir Menschen bestimmt sind für die Ewigkeit.

8. Hoffnung und Liebe

Wir leben in einer pluralistischen Gesellschaft, was bedeutet, daß wir die unterschiedlichsten Standpunkte und Meinungen vertreten können und dürfen und es auch tun. Wie verschieden Meinungen und Einstellungen sein können, ist nicht nur ablesbar an Mode, Kunst, Freizeit, Hobby, Politik oder Wirtschaft, das gilt auch für ganz elementare Fragen, mit denen jeder Mensch sich irgendwann in seinem Leben auseinandersetzen muß, zum Beispiel mit der Frage nach Sterben und Tod.
Ein Zeitungsleser, welcher beim morgendlichen Frühstück die Unfallnachrichten und Katastrophenmeldungen zur Kenntnis nimmt, wird sich in der Regel mit der Feststellung begnügen: Da kann man nichts machen; wen es trifft, den trifft es eben.
Ein Autofahrer, welcher langsam in der Kolonne an einer Unfallstelle vorbeigeschleust wird, dabei einen flüchtigen Blick auf unter Decken verborgene Menschenbündel am Straßenrand erhascht, mag von einem unbehaglichen Gefühl gepackt werden. Aber solche Gefühle kommen und gehen.
Ein Fernsehkonsument wird einen abendlichen Krimi, in dem nicht wenigstens eine Leiche vorkommt, als langweilig und reizlos abtun. Der Tod ist nun einmal als Spannungselement von Leinwand und Bildschirm nicht wegzudenken.

Ein Mediziner vermag Sterben und Tod in allen Phasen genau zu beobachten und zu beschreiben, den Rückgang von Blutdruck und Körpertemperatur, das Absinken von Atem- und Blutkreislauf, Gewebeauflösung und Zellverfall. In der Regel wird auch nicht mehr von ihm verlangt, als den biologischen Exitus medizinisch exakt festzustellen und zu dokumentieren.
Naturverbunden lebende Menschen sehen in Tod und Sterben eine biologische Notwendigkeit. Jeder hat die ihm zugemessene Lebenszeit, und dann muß er Platz machen für kommende Generationen. Der Mensch gehört zum Kreislauf der Natur ebenso wie Stein, Pflanze und Tier.
Wie aber erlebt ein Liebender den Tod des Geliebten? Wie erleben Eltern den Tod ihres Kindes, der Freund den Tod des Freundes? Auch nur als achselzuckende Kenntnisnahme, als unbehagliches Gefühl? Nur als nüchtern medizinisch festgestellten Exitus, nur als vom Kreislauf der Natur vorbestimmtes Ende?
Nein, der Liebende erlebt den Tod des Geliebten als furchtbaren Schlag, als schmerzhaften Hieb ins eigene Fleisch, als blutende Herzwunde, als Botschaft, gegen die er sich wehrt und die er nicht wahrhaben will. Dem liebenden Menschen offenbart der Tod sich als Feind, den es mit allen Mitteln zu bekämpfen gilt; als unheimliche, finstere Macht, mit der sich niemand anfreunden kann,

weil sie uns das Kostbarste nimmt, was es in diesem Leben gibt: Gemeinschaft, Freundschaft, Liebe. Dem Liebenden zeigt der Tod sein wahres Gesicht und zwingt ihn zu einer Entscheidung, die zu den wichtigsten Lebensentscheidungen gehört: Verzweiflung oder Glaube, Resignation oder Hoffnung?

Wir Christen hoffen darauf, daß Liebe nicht an der Grenze des Todes scheitert, sondern sich als stärker erweist.

Wir hoffen darauf, daß für den Menschen noch andere Gesetze gelten als die der Natur.

Unsere Hoffnung, daß der Tod nicht das Letzte sein möge, was über uns Menschen zu sagen ist, hat allerdings keine Stütze in der alltäglichen Lebenserfahrung, keinen Halt in philosophischer Reflexion oder wissenschaftlicher Erkenntnis. Nur der Glaube an Gott gibt unserer Hoffnung recht, daß die Liebe stärker ist als der Tod.

9. Hoffnung und Angst

Ein medienbewußter Mitbürger, welcher regelmäßig ins Kino geht, Zeitung und Illustrierte liest sowie die letzten Stunden des Tages vor dem Bildschirm verbringt, kommt nicht daran vorbei, sich um die Zukunft Sorgen zu machen. Die Aussichten sind düster, denn die Menschheit scheint nur noch die Wahl zwischen verschiedenen Todesarten zu haben. Gehen wir durch einen plötzlichen Atomschlag oder durch schleichende Vergiftung der Natur zugrunde? Sterben wir an der Energiekrise oder durch die Bevölkerungsexplosion? Fällt die Menschheit ins Steinzeitalter zurück, oder steht uns eine neue Eiszeit bevor? Kein Wunder, daß viele Angst vor der Zukunft haben und nach der Devise leben: Nimm alles mit, was du bekommen kannst, denn morgen kann es vorbei sein!
Andere flüchten vor der Zukunft zurück in die Vergangenheit, in die sogenannte gute alte Zeit, wo alles noch überschaubarer, verständlicher, geordneter zuging. Solche Flucht hat allerdings wenig zu tun mit wirklichem Geschichtsbewußtsein. Wer sich ernsthaft, nicht nur nostalgisch, mit der Vergangenheit beschäftigt, wird darauf stoßen, daß in allen Jahrhunderten die Menschen so von Katastrophen heimgesucht wurden, daß sie vom baldigen Weltende überzeugt waren. In der Antike lö-

sten der Ausbruch des Vesuv, der Untergang Pompejis, der Sturm der Germanen gegen das Römische Reich solche Ängste aus. Im Mittelalter raste der Schwarze Tod, die Pest, durch ganz Europa.

Zu Beginn der Neuzeit haben die großen Erdbeben von Lissabon und San Francisco die Menschen tief erschüttert. Als Symbol dafür, daß auch Wissenschaft und Technik dem Menschen keine letzte Sicherheit zu bieten vermögen, steht bis heute der Untergang der Titanic im Jahre 1912, des damals schnellsten und sichersten Schiffes der Welt.

Gibt es irgendwo Hoffnung für den von Lebensangst, Todesangst, Zukunftsangst geplagten Menschen? Wo und wie ist sie zu finden? Offensichtlich ist der christliche Glaube imstande, solche Ängste zu überwinden, denn immer wieder bin ich in meinem Leben auf Menschen gestoßen, deren Lebensfreude, Todesmut und Vertrauen in die Zukunft aus dem Glauben an Gott entsprangen.

Der Glaube ermöglicht es, daß der Mensch sein Leben und seine Zukunft in einem anderen Licht und aus einer anderen Perspektive sieht. Der Apostel Paulus zum Beispiel sieht aus der Perspektive des Glaubens den Tod als Geburt zum ewigen Leben. Folgerichtig deutet er Leiden, Not und Schmerz dieser Welt als Geburtswehen. Der Mensch muß aus dem Schoß einer vergänglichen, von Sünde und Tod beherrschten Welt hinausgepreßt werden, um zu seiner wahren und eigentlichen Existenz zu gelangen.

Im Jahre 110 nach Christus wird der Bischof Ignatius von Antiochien verhaftet, zum Tode verurteilt und von einem Kommando römischer Soldaten nach Rom gebracht. Er soll in der Arena wilden Tieren vorgeworfen werden. Auf dem Transport nach Rom schreibt Ignatius sieben Briefe an seine Gemeinde. Es sind allesamt eindrucksvolle und erschütternde Zeugnisse jener christlichen Hoffnung, die dem Glauben an das ewige Leben entspringt. Ich zitiere aus einem dieser Briefe: „Brüder, was nützen mir die Königreiche dieser Erde? Für mich ist es besser, durch den Tod hindurch zu Christus zu kommen, als König zu sein über die ganze Welt. Ihn suche ich, der für uns gestorben und auferstanden ist. Mir steht die Geburt bevor. Hindert mich nicht, das Leben zu gewinnen. Täuschet mich nicht mit dem Irdischen, laßt mich reines Licht empfangen. Erst wenn ich drüben angelangt bin, werde ich Mensch sein!"

10. Hoffnung und Gerechtigkeit

Im Fernsehen gibt es eine Sendung mit dem Titel: Das Fernsehgericht tagt. In ihr werden Prozeßfälle nachgespielt, wie sie im juristischen Alltag vorkommen: Diebstahl oder Betrug, Ehescheidung oder Erbstreitigkeiten. Ich halte solche Sendungen für wichtig, weil sie geeignet sind, Ängste oder Vorurteile gegenüber der Rechtsprechung abzubauen. Zwar gibt es Prozeßhanseln, die wegen jeder Kleinigkeit zum Kadi laufen, jedoch wollen die meisten Menschen mit dem Gericht möglichst wenig zu tun haben, nicht als Zeuge und schon gar nicht als Angeklagte.

So nimmt es nicht wunder, daß auch die Aussagen des christlichen Evangeliums vom Weltgericht und von Gott als dem Richter aller Menschen unbequem sind. Vor allem scheinen sie im Widerspruch zu jenen Aussagen zu stehen, wo von Gott als dem guten Vater und von Jesus Christus als dem Bruder aller Menschen geredet wird. Michelangelo hat zwar in der Sixtinischen Kapelle des Vatikan sein grandioses Bild vom Jüngsten Gericht gemalt; aber sind das nicht mittelalterliche Vorstellungen, mit denen wir heute nichts mehr anfangen können? Gehen nicht heutige Kanzelredner um dies Thema herum wie die Katze um den heißen Brei? Gott, so heißt es, sei nicht Richter, sondern Retter, nicht Ankläger, sondern Verteidiger. Gott verhänge keine Strafen, keine lebenslänglichen und schon gar keine ewigen; er lasse vielmehr Gnade vor Recht ergehen. So etwas klingt gut und ist auch irgendwie zutreffend. Dennoch kommen wir an der Botschaft des Evangeliums von einem göttlichen Gericht nicht so einfach vorbei.

Prüfen Sie einmal Ihre Reaktion, wenn Sie von irgendwelchen Verbrechen hören: Geiselnahme, Kindesentführung, Vergewaltigung, Raubüberfall, Mord. Unsere Zeitungen sind ja voll davon. Wer menschlich fühlt, wird zunächst einmal Trauer, Zorn und ohnmächtigen Schmerz empfinden, wenn da ein kleines Kind wochenlang als Geisel festgehalten oder ein Rentner wegen ein paar Mark erschlagen wurde. Unser Sinn für Gerechtigkeit sagt uns ganz elementar, daß man hier nicht die Achseln zucken und zur Tagesordnung übergehen kann. Hier ist Unrecht geschehen, und wie kann es wiedergutgemacht werden?

Der Satz: Jede Schuld rächt sich auf Erden, ist einfach falsch. Es gibt genügend Missetäter, die niemals zur Rechenschaft gezogen werden. Die Aufklärungsquote bei bestimmten Verbrechen liegt bereits heute in der Bundesrepublik unter 50 Prozent. Der Kampf unserer Justiz gegen Unrecht trägt häufig die tragischen Züge eines Don Quichotte, der gegen Windmühlenflügel anrennt. Kein

Wunder, daß viele an der Gerechtigkeit verzweifeln, zu Rache und Gewalt greifen, aber damit nur neues Unrecht schaffen.
Von hier aus gesehen erscheint die christliche Botschaft von Gott als dem gerechten Richter aller Menschen wirklich als Frohbotschaft. Wir Christen hoffen darauf, daß Gott Gut und Böse, Recht und Unrecht voneinander scheiden wird. Wir glauben daran, daß nur Gott dem Menschen gerecht wird. Welche Hoffnung liegt in der großen Vision des Propheten Jesaja, wenn er spricht: „Er richtet nicht nach dem Augenschein, noch fällt er sein Urteil nach dem Hörensagen. Sondern er richtet die Geringen in Gerechtigkeit und entscheidet in Geradheit über die Armen des Landes ... Gerechtigkeit ist der Schurz seiner Lenden und Treue der Gurt seiner Hüften“ (Jes 11, 3–5).
Wir selbst müssen brennend daran interessiert sein, daß auch über unsere Gedanken, Worte und Taten einst ein vollkommen zutreffendes Urteil ergeht. Wir hoffen darauf, daß auch uns eines Tages gesagt wird, wer wir sind, warum wir dies getan und jenes nicht getan haben, warum wir dieses und kein anderes Lebensschicksal hatten. Und wir hoffen darauf, daß jenes göttliche Urteil über unser Leben nicht nur ein gerechtes, sondern auch ein barmherziges sein wird.

11. Hoffnung und Humor

In Bayern hatte einst ein Pfarrer sich den Teufel Alkohol in einer donnernden Predigt aufs Korn genommen und auf der Kanzel derart vom Leder gezogen, daß nach der heiligen Messe der Sakristan ihn schüchtern fragte, ob der Pfarrer mit den Leuten nicht ein wenig zu hart umgegangen sei. Schließlich sei doch unser Heiland auf der Hochzeit zu Kana gewesen und habe dort den Weinvorrat beträchtlich vermehrt. Die Antwort des Pfarrers lautete: „Das hätte unser Herr Jesus auch besser nicht getan." Sehn Sie, das ist Kompromißlosigkeit – aber eben auch Humorlosigkeit.
Wer hat Humor? Nicht schon derjenige, welcher die neuesten Witze kennt und zu erzählen weiß. Humor haben auch nicht diejenigen, welche bei den geringsten Anlässen in brüllendes Gelächter ausbrechen. Insbesondere jenes Lachen, das sich an der Schwäche, der Not und Verlegenheit eines Mitmenschen weidet, hat nichts mit Humor zu tun, sondern muß wirklich als „höllisches Gelächter" bezeichnet werden.
Sie kennen das Sprichwort: Humor ist, wenn man trotzdem lacht. Was ist mit „trotzdem" gemeint? Dies Wörtchen weist auf all das im Leben hin, was gar nicht zum Lachen ist. Gemeint sind unsere Fehler und Schwächen ebenso wie das Versagen

und die Schuld des Mitmenschen; Leiden und Schmerzen ebenso wie Ungerechtigkeit, Verständnislosigkeit, Gleichgültigkeit, Lieblosigkeit, Grausamkeit. Endlos scheint die Liste all dessen zu sein, bei dem uns das Lachen im Halse stecken bleibt.
Trotzdem gibt es Menschen, welche auf die Schwächen ihres Nachbarn nicht wütend, nicht gereizt, nicht schadenfroh, nicht ungeduldig reagieren, sondern mit Nachsicht, mit einem Lächeln, eben mit Humor. Es gibt auch Menschen, die sich ihrer eigenen Fehler wohl bewußt sind, aber deswegen nicht mit finsterer Miene durch die Welt laufen, sondern sich selbst mit Geduld ertragen und über sich selbst lachen können. Ich kenne sogar Menschen, welche die Augen nicht verschließen vor den tragischen und traurigen Ereignissen in aller Welt, vor Kriegen, Hungersnöten, Verbrechen, Katastrophen. Dennoch versinken sie nicht in lähmenden Pessimismus, sondern strahlen Hoffnung und Zuversicht aus.
Humor kann nur dort bestehen, wo es Hoffnung gibt. Hoffnung auf einen guten Ausgang unseres Lebens; Hoffnung darauf, daß es trotz allem mit der Welt ein gutes Ende nimmt. Humor entspringt der Einsicht des Menschen, daß er nicht alles selber machen, nicht alles allein verantworten muß und nicht in allem perfekt zu sein braucht. Die amerikanische Schriftstellerin Pearl S. Buck hat einmal gesagt: „Große Tugenden machen einen

Menschen bewundernswert, die kleinen Fehler machen ihn liebenswert." – Unsere Schwächen und Fehler erinnern uns vor allem daran, daß wir unvollkommene Geschöpfe sind, Gott aber vollkommen ist. Ein Mensch, der Gott spielen will, überanstrengt sich so, daß er als erstes die Freude verliert. Ein Mensch, der sich Gott wie ein Kind anvertraut und auf ihn hofft, gewinnt die Freude.

Eins meiner Lieblingsgebete stammt von Thomas Morus, dem Lordkanzler seiner Majestät Heinrich VIII. von England. Dieser Mann verfügte über einen unzerstörbaren Humor, der ihn auch dann nicht verließ, als er auf Befehl des Königs sein Haupt unter das Beil des Henkers beugen mußte. Unzerstörbar ist sein Humor wohl deshalb gewesen, weil Thomas Morus seine Hoffnung allein auf Gott setzte. Das Gebet lautet:

„Herr, schenke mir eine Seele, der die Langeweile fremd ist, die kein Murren kennt und kein Seufzen und Klagen. Laß nicht zu, daß ich mir allzuviel Sorgen mache um dieses sich breit machende Etwas, das sich „Ich" nennt . . .

Herr, schenke mir Sinn für Humor. Gib mir die Gnade, einen Scherz zu verstehen, damit ich ein wenig Glück erfahre im Leben und anderen davon mitteile."

12. Hoffnung und Trauer

In der Nähe von Assisi, etwa eine gute Stunde von Portiunkula entfernt, liegt ein amerikanischer Soldatenfriedhof, klein, sauber, übersichtlich. Nachdenklich ging ich vor einigen Jahren mit einer Studentengruppe an den Gräbern entlang. Wie jung waren alle diese Soldaten gewesen, als der Tod sie ereilte! 20 Jahre, 19 Jahre, 22 Jahre – so stand es auf den Kreuzen. Jeder von ihnen hatte das Leben noch vor sich. Der Krieg hat es ihnen geraubt. Es war nur ein kleiner Soldatenfriedhof, aber vielleicht sind wir gerade deshalb so betroffen und nachdenklich gewesen. Wenn wir uns nämlich alle Opfer des letzten Weltkrieges, Millionen Tote, Millionen Gräber vor Augen halten wollen, versagt unsere Vorstellungskraft. Unser Herz schafft es nicht, über so viele Gefallene zu trauern. Wir haben nicht genug Tränen, um alle beweinen zu können. Millionen Gräber, das ist nur eine Zahl. Aber jenes eine Grab, in welchem der Sohn ruht, genügt der Mutter zur Trauer. Jener eine Brief, mit dem der Verlobte sich todesahnend verabschiedete, um nie mehr wiederzukehren, genügt dem Mädchen, um Tränen zu vergießen. Jene eine Todesnachricht, die da lautet, der Ehemann sei auf dem Felde der Ehre gefallen, hat im Leben der

Frau jene Wunde hinterlassen, die immer schmerzen wird.
Trauer ist für den Menschen jedoch kein Dauerzustand, sondern Übergang in durchaus verschiedene Haltungen. Trauer kann einmünden in Resignation und Depression, in Verlust aller Lebensfreude. Trauer kann zu Betäubung führen. Der Mensch stürzt sich in die Arbeit oder sucht in Alkohol und Droge das Vergessen. Trauer kann zu Verhärtung führen. So wie man den Körper durch eine Spritze schmerzunempfindlich macht, vermag der Mensch sich auch gegen seelischen Schmerz immun zu machen, indem er nichts mehr an sich herankommen und sich durch nichts mehr erschüttern läßt. Verlust der Leidensfähigkeit bedeutet aber den Verlust der Menschlichkeit. Trauer kann auch in Protest einmünden. Dürfen jene, die Millionen von Menschen auf dem Gewissen haben, indem sie Kriege auslösten, Konzentrationslager und Gaskammern bauten, Gefangene in Straflagern und Zivilisten durch Vertreibung umkommen ließen – dürfen die dafür Verantwortlichen sich ins Nichts davonstehlen? Einfach so, daß sie mit ihrem Tod alle Verantwortung los sind? Soll etwa den vielen Opfern, welche nie die Chance eines erfüllten Menschenlebens bekamen, niemals Gerechtigkeit zuteil werden?
Nein. Für mich sind die Kreuze auf den Gräbern des kleinen Soldatenfriedhofs bei Assisi mehr als

nur traurige Erinnerungszeichen an traurige Zeiten. Sie sind für mich auch nicht nur Zeichen der Mahnung, daß der Mensch nicht mehr Opfer des Menschen werde. Sie sind für mich Zeichen dafür, daß christlich verstandene Trauer sich in Hoffnung verwandeln muß. Hoffnung darauf, daß jedem Menschen durch Gott Gerechtigkeit zuteil wird; Hoffnung darauf, daß jeder Mensch sich vor Gott verantworten muß für alles, was er getan oder nicht getan hat; Hoffnung darauf, daß der barmherzige Gott einst alle Tränen vom Angesicht der Menschheit abwischen, den Tod vernichten, uns einen neuen Himmel und eine neue Erde schenken wird.

13. Hoffnung und Gnade

Auf der Oberstufe des Gymnasiums hatten wir einen Lehrer, der uns mit originellen Methoden für die Philosophie zu begeistern wußte. Ich erinnere mich an eine Stunde, welche mit folgender Aufforderung begann: „Meine Herren, bilden Sie mal Sätze, die mit dem Wort „hoffentlich“ beginnen, und schreiben Sie solche an die Tafel!“ Nach kurzer Zeit stand dort zu lesen:
Hoffentlich ist morgen schulfrei.
Hoffentlich regnet es dann nicht.
Hoffentlich schreiben wir keine Klassenarbeit.
Hoffentlich bleibt unser Lehrer gesund.
Hoffentlich gibt es keinen Krieg.
Hoffentlich erreiche ich noch den Zug.
Wir grinsten und wußten nicht, was solche Alltagssprüche eigentlich mit Philosophie zu tun hatten. Aber dann kam's. Der Lehrer sagte, nicht ohne ironischen Unterton: „Finden Sie bitte das allen Sätzen Gemeinsame heraus!“
Wir haben erhebliche Zeit gebraucht, bis wir das allen Sätzen Gemeinsame einigermaßen beschreiben konnten. In den Satzbildungen mit „hoffentlich“ geht es immer um einen Wunsch, der sich auf die Zukunft bezieht. Sätze mit „hoffentlich“ beziehen sich nicht auf Unmögliches und Unwahr-

scheinliches, sondern auf Mögliches und Erreichbares, wenngleich noch nicht Vorhandenes.
Dies Ergebnis bildete den Ausgangspunkt einer langen Diskussion, in deren Mittelpunkt die Frage nach der Hoffnung des Menschen stand. Ich kann deren Ergebnis nur summarisch wiedergeben. Hoffnung gibt es nur dort, wo der Mensch Ziele erkennt und in ihm der Wunsch wach wird, solche Ziele zu erreichen. Der größte Feind der Hoffnung ist also jene Haltung, die keine Ziele mehr kennt oder anerkennt; nichts mehr sieht, was die Mühe lohnt; nichts Neues mehr entdeckt, was Neugier wecken könnte.
Ein anderer Feind der Hoffnung ist die Verzweiflung. Der Mensch hat zwar Ziele und Wünsche, aber er sieht keinen Weg, wie er diesem Ziel näherkommen könnte; keine Möglichkeit, wie seine Wünsche in Erfüllung gehen könnten. Solche Verzweiflung entsteht nicht schon dadurch, daß der Mensch seine eigene Schwäche und Begrenztheit erkennt; sie entsteht erst dann, wenn der Mensch davon überzeugt ist, daß es nichts und niemanden gibt, der ihm zu Hilfe kommen könnte.
Ein dritter Feind der Hoffnung ist die Vermessenheit; jene Haltung, da der Mensch sich alles zutraut, ihm alles möglich und erreichbar erscheint, wenn er nur will. Wer sich aber als Gott betrachtet, braucht die Hoffnung nicht. Hoffen kann nur derjenige, der unterwegs zu einem Ziel ist, dies

aber noch nicht erreicht hat. Unterwegs sein bedeutet immer auch Unsicherheit und Wagnis. Das Ziel kann noch verfehlt werden.
Was aber ist das letzte Ziel des Menschen? Worauf richten sich alle seine Wünsche? Wo gelangt der Mensch zu seiner wahren und eigentlichen Existenz? Die Antwort des Evangeliums lautet: Gott ist das letzte Ziel des Menschen, und nur durch Gott kann der Mensch vollendet werden. Diese Antwort erklärt, warum nach christlicher Auffassung die Hoffnung eine Gnade, d. h. ein Geschenk Gottes ist. Wenn der Mensch nicht aus eigener Kraft, sondern nur durch Gott zur Vollendung gelangt, dann liegen auch Grund und Quelle der Hoffnung, daß dies geschehen wird, letztlich nicht in uns, sondern in Gott.

LIEBE

„Daß Gottes- und Nächstenliebe ein einziges Gebot bilden, zeigt, daß man den Menschen gleichsam wie ein Sakrament empfangen muß; durch ihn hindurch berührt man Gott.“ R. Spiecker

Gott, du bist die Liebe. So sehr hast du die Welt geliebt, daß du deinen Sohn für sie hingegeben hast. In ihm liebst du mich und nimmst mich an. Du willst, daß ich dich liebe, dich und den Nächsten und alles, was du geschaffen hast. Sende mir deinen Heiligen Geist und hilf mir, aus dieser Liebe zu leben. (Aus: Gotteslob)

14. Liebe und Christsein

Vor kurzem wurde in einem Familienkreis die Frage der Wiedervereinigung der getrennten christlichen Kirchen diskutiert. Ich erinnere mich noch des temperamentvollen Beitrags einer Frau, die etwa folgendes sagte: „Ihr Theologen seid doch die Bremsklötze auf dem Weg der Einheit. Ihr habt mit euren vielen Lehrmeinungen das Christentum so kompliziert gemacht, daß man vor lauter theologischen Wahrheiten die einfache christliche Wahrheit nicht mehr sieht. Was ist denn Christentum? Doch nichts anderes als Gottes- und Nächstenliebe! Auf dieser Basis muß doch wohl eine Einigung der Christen möglich sein. Warum macht ihr das denn so kompliziert?" – Die Sprecherin erhielt spontan Beifall aus dem Kreis, und alle schauten nicht ohne Schadenfreude auf mich, ob ich wohl die hart kritisierte Theologenzunft in Schutz nehmen würde. Hat nicht Jesus Christus schon gegenüber den Gesetzeslehrern und Theologen seiner Zeit ähnliche Vorwürfe erhoben? War es nicht bereits damals so, daß die Pharisäer im Dikkicht der vielen Vorschriften und Gebote das Hauptgebot nicht mehr zu erkennen vermochten?

Ich habe der Sprecherin recht gegeben. Jawohl, die Liebe ist Kernpunkt des Christentums, die Erfüllung aller Gebote. Aber – ist nicht das Liebesgebot

mehr oder weniger die Grundlage aller Religionen? Hat denn das Christentum dies Gebot für sich gepachtet? Finden wir solche Grundlehren nicht auch im Islam, im Buddhismus? Bedarf es überhaupt der Religion, um zu erkennen, daß Liebe die höchste Möglichkeit und tiefste Bestimmung des Menschen ist? Finden wir nicht schon in Platons „Gastmahl" eine Fülle der tiefsten Gedanken zur Liebe zwischen Mann und Frau, zwischen Mutter und Kind, des Freundes zum Freund? Werden wir nicht von der anspruchsvollsten Musik bis hinab zum billigsten Schlager darüber belehrt, daß Liebe eine Himmelsmacht sei?
Ist es nicht anmaßend, wenn Christus sagt: „Ein neues Gebot gebe ich euch. Liebt einander, wie ich euch geliebt habe!" (Joh. 13, 34)? Was ist an diesem Gebot neu? Die Antwort finden wir im letzten Teil des Wortes Jesu: . . . wie ich euch geliebt habe. Christus ist weit davon entfernt zu sagen: Ihr sollt Gott und den Mitmenschen lieben, und ihr wißt schon von selbst, was damit gemeint ist. Nicht wie wir Liebe verstehen, sondern wie Jesus Christus sie gelebt hat, soll von nun an der Maßstab sein. Wie aber hat der Herr die Menschen geliebt? Wer die Evangelien danach befragt, erhält zur Antwort: Christus hat uns Menschen maßlos, bedingungslos, vorbehaltlos geliebt; den Reichen ebenso wie den Armen; den Frommen ebenso wie den Sünder, die Kleinen ebenso wie die Großen. Niemanden hat er

von seiner Liebe ausgeschlossen, selbst nicht Judas, den Verräter. Und weshalb ist Christus ans Kreuz geschlagen worden? Nicht wegen eines Verbrechens, sondern wegen seiner bedingungslosen und radikalen Liebe zu Gott und den Menschen. Neuer Maßstab für die Liebe ist im Christentum nicht das Menschenmögliche, sondern das Göttlich-Unendliche. Wie weit wir von der Radikalität des christlichen Liebesgebots entfernt sind, erkenne ich daran, wie verständnislos viele dem Leben der Heiligen gegenüberstehen, ob sie Franz von Assisi, Elisabeth von Thüringen oder Maximilian Kolbe heißen. Betrachtet man nicht deren Christsein als übertrieben, unheimlich, nichts für Normalverbraucher? Dabei entlarvt die radikale Liebe der Heiligen unsere eigene Auffassung von Gottes- und Nächstenliebe als lau und ungenügend. Wer wissen will, was Liebe und Wahrheit bedeutet und wohin Liebe führt, muß auf Jesus Christus schauen, auf sein Leben, seinen Tod und seine Auferstehung.

15. Liebe und Gebote

Unter Christen ist die Meinung weit verbreitet, daß Pfarrer weniger sündigen als andere Menschen; schließlich müßten sie ihren Gemeinden ja ein Vorbild sein. Ich bezweifle, ob dem so ist, habe aber nicht vor, in aller Öffentlichkeit meine Sünden aufzuzählen, nur um zu beweisen, daß Priester ebenfalls sündigen. Gott sei Dank gilt auch für Pfarrer das Beichtgeheimnis. Einige Sünden hingegen gestehe ich in aller Offenheit, weil ich mich da in Gesellschaft vieler anderer befinde: Zum Beispiel gehöre ich hin und wieder zu den Verkehrssündern, die wegen falschen Parkens oder überhöhter Geschwindigkeit ein Bußgeld zahlen müssen. Ich sehe ja ein: Verkehrsgesetze gelten für alle, da kann es auch für Pfarrer keine Ausnahme geben, wenn sie es eilig haben. Der Gesetzgeber verlangt von mir, daß ich die Gesetze achte. Er verlangt nicht von mir, daß ich ihn oder die Gesetze liebe. Und er tut gut daran, denn unsere Gesetzgebung ist durchaus nicht immer liebens- und lobenswert. Liebe erhebt sich weit über alles, was verboten oder befohlen wird. Gesetze und Gebote haben mit Liebe nichts zu tun!
Stimmt das? Wenn es uneingeschränkt zuträfe, würden bestimmte Worte Jesu sich als falsch und provozierend herausstellen: „Wenn ihr mich liebt,

so haltet meine Gebote“ (Joh 14, 25). – „Wenn ihr meine Gebote haltet, so bleibt ihr in meiner Liebe“ (Joh 15, 10). – „Wer meine Gebote hat und sie hält, liebt mich“ (Joh 14, 21). Mit solchen Worten tun wir uns schwer, weil die Erfahrung mit menschlichen Gesetzen und Verordnungen uns unbewußt im Wege steht. Es gibt Vorschriften und Paragraphen, die dem Menschen das Leben nicht leichter, sondern schwerer machen. Es gibt Bürokratien, die uns mit einem Wust von Vorschriften und Anweisungen überschütten. Wer vermag auf Anhieb das Computer-Deutsch einer einfachen Stromrechnung zu lesen? Doch wehe, wenn Sie die Rechnung nicht pünktlich bezahlen. Solche Erfahrungen mögen der Grund dafür sein, daß viele die Gesetze und Gebote nur als Einschränkungen ihrer persönlichen Freiheit verstehen, auch Gottes Gebote.

Aber Gott ist kein Diktator, der uns Menschen wie Marionetten am Faden der Gesetze zappeln läßt. Gott ist kein Bürokrat, der uns das Leben mit Verordnungen schwer macht. Gott ist kein Polizist, der möglichst viele Strafzettel verteilt. Das Evangelium spricht von Gott als dem Vater, der das Leben seiner Kinder beschützt, bewahren und entfalten will; der unsere Freude vertiefen und unsere Freiheit erweitern kann, mehr als es jeder irdische Vater vermag.

Wer Gott mit Vater anredet, muß Gottes Gebot

anders sehen. Es sind Leitplanken, die unser Leben vor dem Absturz in Chaos und Zerstörung bewahren. Es sind Wegweiser, die zu unserem Lebensziel hinführen wollen. Es sind Aufgaben, an denen wir unsere Kräfte erproben und entfalten. Gebote sind Zeichen dafür, daß der Schöpfer seine Geschöpfe nicht einfach in die Welt hineinwirft und sie ihrem Schicksal überläßt. Gebote sind Ausdruck der Liebe und Fürsorge Gottes, der darauf bedacht ist, Schaden von uns fernzuhalten.
Wer dies begriffen hat, wird Gottes Gebot nicht mehr als Bevormundung und Einschränkung ansehen, sondern als Möglichkeit, auf die Liebe und Fürsorge Gottes eine Antwort zu geben. Weil Gott mich liebt, hat er mir Gebote geschenkt. Weil ich Gott liebe, gehorche ich seinen Geboten. Ohne die Liebe werden seine Gebote zur Last, die zu Boden drückt; zur Fessel, an der wir uns wundreiben; zur Peitsche, die uns unerbittlich antreibt. Im Licht der Liebe aber sind die Gebote ein Weg, der uns unfehlbar zum Reich Gottes führt.

16. Liebe und Kritik

Am liebsten möchte ich das Wort „Liebe“ für einige Jahrzehnte aus dem religiösen Vokabular entfernen, weil es so abgenutzt und verschlissen worden ist, daß es uns kaum noch etwas sagt. Aber das Wort ist unersetzbar, weil es unausschöpfbar bleibt. Man kann nur versuchen, das mit ihm Gemeinte immer neu zu bedenken. Einen Menschen lieben heißt: sich um ihn kümmern, für ihn sorgen, für ihn dasein; wollen, daß es ihm gut geht; ihn nicht enttäuschen; ihm das geben, was er braucht. Liebe ist das sicherste Zeichen dafür, daß der andere mir nicht gleichgültig ist.
Also kann es dem Liebenden auch nicht gleichgültig sein, wenn der andere in die Irre geht und dem Bösen verfällt. Das christliche Evangelium kennt deshalb als besonders schwierige und seltene Ausdrucksform der Liebe zum Nächsten die brüderliche Kritik und Zurechtweisung (vgl. Mt 18, 15 f.). Warum ist sie so schwierig und selten?
Weil man ja auch von ganz anderen Positionen aus Kritik üben kann. Es gibt z. B. Menschen, die genau zu wissen meinen, wie Wahrheit und Lüge, Gut und Böse, Gerechtigkeit und Ungerechtigkeit in der Welt verteilt sind. Es gibt Ideologien, die allein für sich alles Wahre, Gute und Gerechte gepachtet haben und dem ideologischen Gegner

nur Lüge, Bosheit und Ungerechtigkeit unterstellen. Kritik dient hier als Waffe, um den Gegner moralisch zu besiegen. Auch auf anderen Böden gedeiht die Kritik prächtig, etwa auf dem Boden der Schadenfreude, die jeden Fehler des Mitmenschen sorgfältig aufspießt und aufbauscht; oder auf dem Boden des Neides, der den anderen herabzusetzen sucht, um selbst größer zu erscheinen; oder auf dem Boden des Machthungers, der den anderen klein und gefügig haben will.

Solche Kritik auf schlechten Böden ist die Ursache dafür, daß wir uns mit der brüderlichen Zurechtweisung als Liebespflicht so schwer tun. Angesichts eines Mitmenschen, der in die Irre geht und sich im Bösen und Falschen verstrickt, sind wir immer versucht zu sagen: Der muß wissen, was er tut, ich halte mich da heraus. Das geht mich nichts an. Ich verbrenne mir nicht den Mund!

Der tödlich verunglückte UNO-Generalsekretär Dag Hammarskjöld berichtet in seinem Tagebuch von einem seiner Mitarbeiter, der zwar fleißig und strebsam, aber so unbeherrscht und starr war, daß er mit jedem seiner Kollegen über kurz oder lang Streit bekam. Und wie es für solche Charaktere typisch ist, sah er niemals die Schuld bei sich selbst, sondern immer beim anderen. Die Situation wurde schließlich so unerträglich, daß Hammarskjöld eines Tages mit ihm ein Gespräch führen mußte, in dessen Verlauf er ihm Schritt für Schritt, logisch

und unerbittlich klarmachte, wer der wirkliche Urheber des Streites war. Er ließ dem anderen keine Ausflucht offen, deckte alle Widersprüche auf, in die sein Gesprächspartner sich verwickelte. Und als dieser Mann gegen Ende der Unterredung zum erstenmal seine eigene Schuld erkannte, die er bisher nie wahrhaben wollte, brach er weinend zusammen und rief: „Warum hat niemand in all den Jahren mir etwas gesagt? Warum hat mir keiner geholfen? Warum hat sich niemand um mich gekümmert? Keiner hat mich je gelobt, keiner hat mich je getadelt!" – Dag Hammarskjöld notiert abschließend in sein Tagebuch: Also wurde letzten Endes alles zu unserem Fehler!
Mit Nachdruck verkündet daher das christliche Evangelium: Jeder Mensch hat das Recht, kritisiert zu werden – aus Liebe!

17. Liebe und Solidarität

Nicht nur die Kleidung ist in unserer schnellebigen Zeit der Mode unterworfen, auch die Sprache. Worte verschleißen und verstauben; neue tauchen auf, die für kurze Zeit in aller Munde sind, um dann wiederum durch andere abgelöst zu werden. Ein solches zur Zeit noch recht ansehnliches Wort heißt: „Solidarität“. Sie zählt heute zu den wichtigsten Tugenden eines weltaufgeschlossenen, mündigen Bürgers. Solidarität wird erwartet von Partei- oder Gewerkschaftsmitgliedern: Solidarität ist gefragt, wenn irgendwo in der Welt Unrecht angeprangert werden muß. Ob ein Dissident vom Osten zum Westen abgeschoben werden soll, ein Oppositioneller von der herrschenden Regierung verhaftet wird, ob Studenten gegen den Numerus clausus oder für Abrüstung demonstrieren, in jedem Falle wird die Öffentlichkeit zur Solidarität aufgerufen. Überall da, wo Menschen erkennen oder zu erkennen meinen: es geht um Gerechtigkeit, Freiheit, Humanität, um Frieden und Sicherheit, kommt es zu Äußerungen der Solidarität, kommt es zu Versammlungen, Aufrufen, Demonstrationen, Petitionen, Unterschriftensammlungen, Diskussionen und Pressekampagnen.

Nun gibt es allerdings dauerhaftere und tiefergehende Formen der Solidarität als jene, die sich mit

spektakulären Aktionen vor allem in den Medien darstellen, deren Wirkung häufig einem Strohfeuer gleichkommt.
Ich denke zum Beispiel an die Solidarität von Eheleuten, die sich ein Leben lang zu Partnerschaft und gegenseitiger Hilfe verpflichtet haben. Ich denke an die Solidarität zwischen Eltern und Kindern; also einfach daran, daß Eltern sich das ganze Leben hindurch ihren Kindern verbunden fühlen und sich für sie verantwortlich wissen. Ich denke an die Krankenschwester, welche aufgeht in ihrem Dienst am notleidenden Menschen. Ich denke an den Priester, der Tag und Nacht seiner Gemeinde zur Verfügung steht und für alle da ist. Bisher haben wir Christen solches Tun mit den Worten Nächstenliebe oder Menschenfreundlichkeit bezeichnet. Wenn heute gesagt wird, das seien altmodische und verschlissene Vokabeln, so will ich um Worte nicht streiten, denn es geht um die Sache.
Dann allerdings sollten wir es auch auf jenes Ereignis anwenden, welches die verborgenste und höchste Form von Solidarität ist, die es auf Erden gibt: die Solidarität Gottes mit den Menschen. Gott hat sich mit seinem Geschöpf so sehr solidarisiert, daß er selbst Mensch geworden ist. Gott ist uns in Jesus Christus so nahe gekommen, daß wir ihn verehren können wie die Hirten in Bethlehem, ihn beschenken können wie die Magier aus dem Orient, ihm nachfolgen können wie die Jünger, mit ihm disku-

tieren können wie die Pharisäer, ihn verraten können wie Judas, ihn kreuzigen können wie Pilatus, ihn lieben können wie Johannes.
Diese ebenso maßlose wie unbegreifliche Solidarität des Schöpfers mit seinen Geschöpfen geht so weit über alles hinaus, was wir Menschen sonst noch mit diesem Wort bezeichnen, daß es besser ist, wir greifen doch zu einem anderen, passenderen Wort. Ich schlage „Liebe" vor, denn so heißt es in der Heiligen Schrift: „Gott hat die Welt so sehr geliebt, daß er seinen einzigen Sohn hingab, damit jeder, der an ihn glaubt, nicht verlorengeht, sondern das ewige Leben hat" (Joh 3, 16).

18. Liebe und Menschenwürde

Wieviel ist der Mensch wert? Antwort: Das kommt auf den Maßstab an. Im Nazi-Konzentrationslager oder auf dem Archipel Gulag besaß der Mensch nur noch Schrottwert; man holte das letzte Quentchen Arbeitsleistung aus ihm heraus, bevor es mit ihm durch den Kamin oder in die Grube ging.
In einer Industriegesellschaft pflegt man den Menschen nach seinem Nutzen und seiner Leistung zugunsten der Allgemeinheit zu bewerten. Dieser Maßstab ist wandelbar, denn die Bewertung eines Menschen richtet sich nach jener Leistung, die gerade am meisten gefragt ist. Vor allem ist dieser Maßstab fragwürdig, denn er schiebt alle ans untere Ende der Skala, die noch nichts oder nichts mehr leisten können.
Kann man sagen, jeder Mensch hat soviel Wert, wie er sich selber verleiht? Aber das Selbstwertgefühl eines Menschen hängt von seiner Umwelt ab. Wer den Eindruck gewinnt, er sei überflüssig, nutzlos, falle den anderen nur zur Last, verliert schnell alles Selbstwertgefühl.
„Die Würde des Menschen ist unantastbar", heißt es in der Präambel unseres Grundgesetzes. Aber warum ist sie das? Weder sein Nutzwert für die Gesellschaft noch sein Selbstwertgefühl sind letztlich tragfähige Begründungen.

Gibt es noch einen anderen Maßstab? Ja, es ist die Liebe. Wenn ich einen anderen liebe, bedeutet das: Sein Leben ist mir wertvoll, sein Dasein ist für mich kostbar; es ist gut, daß es den anderen gibt. Umgekehrt: Die Gewißheit, geliebt zu werden, die Erkenntnis, daß ich anderen etwas wert bin, begründet mein Selbstwertgefühl, sagt mir, daß mein Leben nicht nutzlos und vergeblich ist. Dennoch ist auch dieser Maßstab relativ, weil menschliche Liebe begrenzt, wandelbar, unvollkommen bleibt. Erst durch das christliche Evangelium wird der Maßstab absolut und damit auch die Würde des Menschen. Dort heißt es: „Die Liebe besteht nicht darin, daß wir Gott geliebt haben, sondern daß er uns geliebt und seinen Sohn als Sühne für unsere Sünden gesandt hat“ (1 Joh 4, 10). Die Würde des Menschen ist für uns Christen deshalb unantastbar und unendlich, weil der Mensch von Gott geliebt wird mit einer maßlosen und unbegreiflichen Liebe. Hier liegt der Grund, weshalb Christen überall dort protestieren, wo die Würde des Menschen verletzt wird; weshalb sie für das Lebensrecht derer kämpfen, die ihre Stimme noch nicht oder nicht mehr erheben können; warum sie den bewußten Selbstmord als Sünde bezeichnen; weshalb sie sich gegen Krieg und Gewalt, gegen Unterdrückung und Ausbeutung in jeglicher Form wenden; gewiß nicht immer laut genug, nur zu oft halbherzig und inkonsequent. Aber die Botschaft des Evangeliums ist eindeutig. Weil jedes Geschöpf von Gott geliebt wird, ist alles Geschaffene liebenswert. Wer das erkennt und anerkennt, sieht im Mitmenschen nicht mehr den lästigen Konkurrenten um einen Platz an der Sonne, nicht mehr eine Belastung, nicht mehr eine Grenze der eigenen Freiheit. Als Kind des einen Vaters im Himmel ist er mein Bruder, meine Schwester; denn auch auf ihrem Antlitz liegt das Licht der Liebe Gottes.

19. Liebe und Tod

Erwerb von Wissen ist noch nicht Bildung. Der einfache Mann kann gebildeter sein als ein hochgezüchteter Spezialist. Volksweisheit ist häufig dem Leben näher als die Theorie der Intellektuellen. Wir begegnen solcher Volksweisheit zum Beispiel in den Sprichwörtern und Volksmärchen. Wieviel Menschenkenntnis und Lebenserfahrung offenbart sich dort, wo das Volk redet, wie ihm der Schnabel gewachsen ist. Wieviel Wahrheit und Weisheit enthalten die Volksmärchen! Wer sich mit ihnen beschäftigt, wird überrascht sein, wie nah sie der Wahrheit und Weisheit des christlichen Evangeliums sind.

Da gibt es die Erzählung von Rotkäppchen. Jener böse Wolf, der Großmutter und Kind mit Haut und Haaren verschlingt, ist Symbol des alles fressenden Todes. Aber das Märchen weiß auch von einem Jäger, der den Tod tötet und die Menschen ans Licht des neuen Lebens holt. Da gibt es das Märchen von Schneewittchen, welches am Haß der bösen Stiefmutter zugrunde geht, aber durch den Liebeskuß des Königssohns wieder zum Leben geweckt wird. Da gibt es das Märchen von Dornröschen, welches durch ein dunkles Verhängnis in tiefen Schlaf versunken ist, und mit ihm das ganze Schloß. Schlaf und Dornenhecke sind To-

dessymbole. Aber vor der Liebe des schönen Prinzen öffnet sich die Dornenhecke, und Dornröschen wird aus dem Todesschlaf erweckt.
Das gängige Urteil des Halbgebildeten lautet: Na ja, das sind eben Märchen! Im wirklichen Leben kommt so etwas nicht vor. Da ist der Tod stärker als die Liebe. Gegen den Tod ist kein Kraut gewachsen. Sterben ist notwendiges Naturgesetz, alles andere ist schöne Illusion.
Ein Mensch, der geliebt wird, bleibt nicht im Tode! So künden es die Märchen. Das christliche Evangelium gibt solcher Volksweisheit recht, freilich auf ungeahnte Weise und auf einer ganz anderen Ebene. Die Botschaft des Glaubens fügt der Volksweisheit Entscheidendes hinzu: „Ein Mensch, der von Gott geliebt wird, bleibt nicht im Tode."
Dies ist die Botschaft von Jesus Christus, welcher den Jugendlichen von Naim aus dem Tod holt und seinen Freund Lazarus aus dem Grab ruft. Dies ist die Botschaft dessen, der das ungeheuerlichste Wort von sich selbst sagte, das je ein menschlicher Mund zu sprechen wagte: „ Ich bin die Auferstehung und das Leben. Wer an mich glaubt, wird leben, auch wenn er stirbt" (Joh 3, 25).
Dies Wort übersteigt alle Antworten, die der Mensch von sich aus auf die quälende Frage nach dem Tod gegeben hat. Jesus Christus sagt nicht: „Ich zeige euch ein Mittel, wie man das Leben verlängern kann." Er sagt auch nicht: „Ich lehre euch

einen Weg, wie man sich mit dem Tod abzufinden vermag." Er sagt auch nicht: „Ich kenne einen Trick, wie man dem Tod ein Schnippchen schlägt." Nein, er sagt, was noch niemand auf Erden zu sagen gewagt hat: „Ich bin die Auferstehung und das Leben."

Die Wahrheit dieses Wortes aber findet ihr Echo in der schlichten Weisheit des Volkes. Kein anderer als Christus ist der rettende Jäger, der jung und alt aus dem Bauch des Todes hervorholt. Kein anderer als Christus ist der Königssohn, dessen Liebe den Menschen zum neuen Leben erweckt. Kein anderer als Christus ist der schöne Prinz, welcher die Dornenhecke der Sünde durchbricht und den Todesschlaf beendet. Denn wer von Gott geliebt wird, bleibt nicht im Tode.

20. Liebe und Gnade

Wann haben Sie in Ihrem Leben zum erstenmal das Wort „Liebe“ gehört? – Ich vermute, es war im Rahmen jener erzieherischen Maßnahmen, welche zu allen Zeiten Eltern ihren Kindern angedeihen lassen. Zum Beispiel: „Nun sei schön lieb, dann kriegst du auch dein Eis.“ Oder: „Heute bist du aber gar nicht lieb!“ Oder: „Willst du wieder lieb zur Mama sein?“ – So hat sich uns seit Kindertagen eingeprägt: Wer lieb ist, erhält Liebe, Zuwendung, Zuneigung. Wer nicht lieb ist, dem werden Liebe, Zuwendung, Zuneigung entzogen; der kommt an den Katzentisch.

So werden nicht nur Kinder erzogen, so pflegt man auch Erwachsene zu behandeln, selbst in der Kirche. Endet nicht die Mehrzahl der Predigten, welche ein treuer Kirchgänger Sonntag für Sonntag konsumiert, mit einem direkten oder indirekten Appell an die Liebe zu Gott und dem Nächsten? Wird ihm nicht eingeschärft, er solle sich gefälligst mit dem Beten mehr Mühe geben, solle sich um seinen Mitmenschen, besonders den Notleidenden, noch mehr kümmern? So entsteht der Eindruck: Christsein ist kein Zuckerschlecken, sondern höchst anstrengend. Da gibt es Glaubenswahrheiten, die unserem kleinen Verstand zu hoch sind. Da soll man gegen Fehler und Sünden angehen –

meist mit wenig Erfolg. Vor allem aber soll man das Gebot der Liebe erfüllen. Liebe ist die erste Christenpflicht.

Irgendwo ist hier etwas falsch, aber was? Kommen wir noch einmal auf unseren Kindersatz zurück: Sei schön lieb, dann kriegst du auch dein Eis! Nach welchem Maßstab wird hier Liebe geschenkt? Offensichtlich nach dem Maßstab: Wie du mir, so ich dir! Wer lieb ist, bekommt Liebe; wer nicht lieb ist, nicht! Das Evangelium aber verkündet etwas ganz anderes. Christus sagt nicht: „Wenn ihr einander liebt, dann liebe ich auch euch“, sondern er lehrt, daß Gott den Menschen zuerst geliebt hat, bevor dieser auf die Idee kam, daß man Gott lieben soll. Der Mensch lebt vom Vorschuß der Liebe Gottes, und zwar von Anfang an.

Gott macht seine Liebe nicht abhängig davon, ob die Menschen ihm mit Liebe antworten oder nicht. Er läßt seine Sonne aufgehen über Bösen und Guten, er läßt regnen über Gerechte und Sünder (vgl. Mt 5, 45). Seine Liebe ist Gnade, d. h. freies und unverdientes Geschenk.

Jene weitverbreitete Vorstellung, man müsse das Gebot der Liebe erfüllen, damit Gott seinerseits „lieb“ zu den Menschen ist, stellt die Dinge buchstäblich auf den Kopf. Es ist umgekehrt: Weil Gott uns Menschen mit Liebe überhäuft, mit einer unendlichen und unbegreiflichen Liebe, werden in uns die Kräfte der Liebe freigesetzt, mit denen wir wenigstens eine kleine Antwort fertigbringen können. Es ist so ähnlich, wie wenn nach einem trüben Regentag plötzlich die Sonne durch die Wolken bricht. Mit dem Wetter schlägt auch die Stimmung um. Der Mensch tritt froh hinaus ins Freie, neue Kräfte werden in ihm wach.

Der Glaube ändert nichts an den Bedingungen unseres Daseins, welches nach wie vor ausgespannt bleibt zwischen Geburt und Tod, Freude und Leid, Glück und Unglück. Durch die Sonne der Liebe Gottes sehen wir alles in einem anderen Licht. Weil der Liebende aber alles in einem anderen Licht sieht, hat sich an den Bedingungen seines Daseins doch Entscheidendes geändert.

Gib Du uns Speise, Herr

100 Tischgebete

64 Seiten, Plastik, mit Grafiken von R. und I. Scharwächter,
8. Auflage **DM 3,20**

Allen, denen die Pflege des Tischgebets in Familie und Gemeinschaft am Herzen liegt, will dieses Büchlein einige Anregungen bieten. Es ist im Priesterseminar des Bistums Essen entstanden und zunächst für die Seminargemeinschaft geschrieben. Weil aber das Gebet derer, die sich auf den Priesterberuf vorbereiten, auf dem im Elternhaus gelegten Fundament gewachsen ist, sei es den Familien gewidmet, die durch das Zeugnis ihres christlichen Lebens junge Menschen zur Anbetung Gottes und zum Dienst am Menschen führen.

Jeder Tag braucht einen guten Morgen

Morgenandachten

70 Seiten, 3. Auflage, brosch. **DM 4,80**

Der Autor hat nicht den Ehrgeiz, Zeitloses sagen zu wollen, er möchte dem Leser Geschmack am Ewigen beibringen, denn allein das Brot der Botschaft Jesu ist imstande, die Satten hungrig und die Hungrigen satt zu machen.
Sehr geeignet als Geschenk und für die persönliche Meditation.

Silberschatz und goldener Schlüssel

Volksmärchen – theologisch erzählt

68 Seiten, brosch. **DM 4,50**

Was der Autor in schlichter und schöner Sprache zu den bekannten Märchen der Brüder Grimm theologisch zu sagen weiß, leuchtet immer wieder überraschend ein und läßt die Märchen vom christlichen Glauben her in einem ganz neuen Licht erscheinen. Ein unentbehrliches Buch für alle Freunde des Märchens.

Es wird Zeit, von Gott zu sprechen

Biblische Meditationen

72 Seiten, brosch., 2. Auflage 1980 **DM 4,80**

Anhand von zwölf Texten aus dem Alten und Neuen Testament umkreist der Autor das Geheimnis des dreifaltigen Gottes. In einfacher und verständlicher Sprache schlägt er die Brücke vom Menschen zu Gott und von Gott zurück zum Menschen.
Ein Büchlein, das jeden zum Lesen der Heiligen Schrift anregt.

Gelebtes Wort

180 Seiten, mit zahlreichen Illustrationen, gebunden **DM 9,80**

Die in diesem Buch zusammengefaßten Gebete erschienen im Heiligen Jahr 1975 in der Kirchenzeitung des Bistums Essen als „Gebet der Woche". Dahinter stehen neben dem namenlosen afrikanischen Christen Männer und Frauen wie Albert der Große, Birgitta von Schweden, Dietrich Bonhoeffer, Albrecht Dürer, Charles de Foucauld, Franz von Assisi, Romano Guardini und viele andere Beter. Es sind gelebte Worte, die wiederum nach Belebung verlangen. Sie erhalten ihren eigentlichen Wert dadurch, daß man sie sich zu eigen macht. Es ist ein Gebetbuch, wie man es braucht, wenn man sich leer fühlt und die eigenen Worte nicht mehr reichen. Es kann zu einem ständigen Begleiter werden. Ein Vademecum für jeden Tag!

Das Christus-Jahr

Gedanken zu den Zeiten und Festen des Herrn

104 Seiten, brosch. **DM 5,40**

Dieses Büchlein beschränkt sich auf die wichtigsten Herrenfeste des Kirchenjahres und hat aus den jeweiligen biblischen Texten der Liturgie ein zentrales Wort zum Gegenstand der Besinnung gemacht. Möge es dazu beitragen, die großen Feste der Kirche besser zu verstehen und bewußter mitzufeiern.

Worte auf der Goldwaage

Christlich-kritische Gedanken zu bekannten Redensarten

55 Seiten **DM 3,60**

Der Autor konfrontiert alltägliche Redensarten mit der Botschaft des Evangeliums und macht überzeugend deutlich, wie wenig alltäglich konsequent gelebtes Christentum ist.

VERLAG WORT UND WERK, SANKT AUGUSTIN 1